Glen Scrivener

**Das Geschenk**

*Was du dir schon immer gewünscht hast*

GLEN SCRIVENER

# DAS GESCHENK

Was du dir schon immer
gewünscht hast

Glen Scrivener
**Das Geschenk**
*Was du dir schon immer gewünscht hast*

Best.-Nr. 275031
ISBN 978-3-98963-031-4
Christliche Verlagsgesellschaft mbH
Am Güterbahnhof 26 | 35683 Dillenburg
info@cv-dillenburg.de

Best-Nr. 180263
ISBN 978-3-85810-672-8
Missionswerk Mitternachtsruf
Ringwiesenstrasse 12a | CH-8600 Dübendorf
kontakt@mnr.ch

Titel des englischen Originals:
**The Gift**

Published by The Good Book Company
thegoodbook.co.uk



1. Auflage

Am Güterbahnhof 26 | 35683 Dillenburg
info@cv-dillenburg.de

Übersetzung: Brigitte Hahn
Satz und Umschlaggestaltung:
Christliche Verlagsgesellschaft mbH
Umschlagmotiv: © CV Dillenburg und freepik.com janniwet

CPI Books GmbH, Leck
Printed in Germany

Wenn Sie Rechtschreib- oder Zeichensetzungsfehler entdeckt haben, können Sie uns gern kontaktieren: info@cv-dillenburg.de

# Inhalt

# Leserstimmen

„In dieser frisch, klar und klug geschriebenen Einführung in den christlichen Glauben zeigt der Autor, dass wir dafür geschaffen sind, Geschenke zu empfangen, und warum diese Tatsache zu einer wunderbaren Nachricht wird, wenn wir dem Geber des größten Geschenks begegnen."
**Andrew Wilson**, Pastor mit Schwerpunkt Lehre, *King's Church London*

„Glen hat das Evangelium in einfache und gewinnende Worte verpackt. Er zeigt uns, wie unsere Weihnachtstraditionen von Geben und Nehmen Hinweise auf den eigentlichen, gütigen Geber sein können. Es lohnt sich, dieses Buch an Familie und Freunde weiterzugeben."
**Quina Aragon**, Autorin *(Love Made: A Story of God's Overflowing, Creative Heart)*

„Weihnachten ist die perfekte Zeit, um Menschen auf Jesus, das größte Geschenk Gottes, hinzuweisen. In diesem Buch, das sich gut weitergeben lässt, nutzt der Autor seine sprachlichen und kommunikativen Gaben zu genau diesem Zweck."
**Roy Crowne**, Vorstandsmitglied von *HOPE*

„Der von Glen Scrivener verfasste Wegweiser zum Geschenk hinter unseren Weihnachtsgeschenken ist faszinierend und fesselnd zugleich. Auch für mich als langjährigen Christen war die Lektüre erfrischend, und ich werde dieses Buch auf jeden Fall weitergeben, vor allem an jemanden, der zum ersten Mal über das Thema nachdenken möchte."
**Sam Allberry**, Redner und Autor *(Sieben Mythen über das Single-Sein, Gute Nachrichten für unseren Körper, Ist Gott homophob?)*

„Dieses Buch ist eine wunderbare Betrachtung über das Geben und Empfangen von Geschenken. Es beginnt mit Erfahrungen, die wir alle schon gemacht haben, und illustriert dadurch, was es bedeutet, ein schwacher Mensch zu sein, zu lieben und geliebt zu werden und eine Verbindung aufzubauen zu Gott, der sich selbst verschenkenden Liebe. Daraus entsteht eine herrliche Lektüre, die sich auch bestens als Geschenk eignet."
**Tim Chester**, Fakultätsmitglied bei *Crossroads Training*

„Die Lektüre dieses Buches entlockte mir ein Schmunzeln, weil der Autor offenbar meine im Laufe der Jahre gesammelten Weihnachtserfahrungen zurückverfolgt hat. Wie konnte er davon wissen? Dann ertappte ich mich bei einem Kopfschütteln, als das Kernproblem der negativen Seiten diagnostiziert und offengelegt wurde. Und dann musste ich tief Luft holen, als ich erkannte, dass Weihnachten mir tatsächlich das gegeben hat, was ich mir immer gewünscht habe. Dieses Buch ist mitreißend und tiefgründig zugleich, und ich kann es nur wärmstens empfehlen."

**Rico Tice**, Gründer von *Christianity Explored Ministries,* Autor *(Von Jesus reden, Der ultimative Weihnachtswunschzettel)*

„Egal, wie deine aktuellen Glaubensvorstellungen aussehen oder was du von Weihnachten hältst – lass dir dieses Buch nicht entgehen! Es könnte genau der richtige ‚Koffeinschub' sein, damit du die Realität neu überdenkst."

**Rebecca McLaughlin**, Autorin (*Kreuzverhör: 12 harte Fragen an den christlichen Glauben* u. a.)

# Vorwort

*„Das wäre doch nicht nötig gewesen!“*
„Es kommt von Herzen.“
*„Das ist viel zu viel!“*
„Ich musste es einfach besorgen.
Es ist wie für dich gemacht.“
*„Das ist richtig toll!“*
„Ich wusste, dass es dir gefallen würde.“
*„Es gefällt mir nicht nur, ich finde es super!“*

Geben und Empfangen ist das Herzstück von Weihnachten. In Wirklichkeit ist es das Herzstück des Lebens, aber an einem bestimmten Tag des Jahres packen wir es in Geschenkpapier und verzieren es mit einer Schleife. Es wird zu einem Tanz, den wir unseren Kindern von klein auf beibringen, mit Worten wie: „Warte, bis du dran bist!“ – „Gib Lilli ihr Geschenk!“ – „Wie sagt man? Danke!“ – „Zuerst die Karte!“ – „Gib Tante Johanna einen Kuss!“ – „Jetzt hör auf zu weinen. Socken sind doch ein sehr schönes Geschenk.“

Ob wir nun Traditionen pflegen oder nicht, wir alle neigen dazu, an alten Gewohnheiten festzuhalten, wenn es um Weihnachten geht. Vielleicht meinst du, ein vernünftiger, moderner Mensch zu sein und das alles ganz locker zu sehen, aber Jahr für Jahr fallen wir alle in bestimmte Verhaltensmuster zurück. Eventuell merken wir es erst in dem Augenblick, wenn jemand Fremdes in unserer Mitte auftaucht – vielleicht der neue Freund unserer Schwester oder ein Austauschstudent, der über die Feiertage nicht nach Hause fahren kann. Plötzlich merken wir, wie uns eine innere Stimme zuflüstert: „Oh weh, der arme Kerl ... Der hat ja keine Ahnung, wie Weihnachten abläuft." Aber ganz bestimmt denkt diese fremde Person genau das Gleiche von uns.

Vielleicht warst du zu Weihnachten auch schon als fremder Gast bei anderen Leuten. Ich habe diese Erfahrung sehr oft gemacht. Alle anderen scheinen die Regeln zu kennen, denn sie sind ihnen in Fleisch und Blut übergegangen. Aber du sitzt auf dem Sofa und beobachtest alles mit großen Augen. Du kommst dir vor, als würdest du im Fernsehen die erste Folge eines Schwedenkrimis gucken. „Mit wem genau ist sie noch mal verwandt? Ist das bei ihnen zu Hause normal? Was passiert als Nächstes? Soll ich es mal googeln?"

Du versuchst, deine Unsicherheit mit einem Lächeln zu überspielen, und achtest darauf, deine Gastgeber mindestens 17-mal für das leckere Essen zu loben. So etwas kann richtig anstrengend sein. Aber für die „Insider" ist das alles gar nicht seltsam. Nein, nein, denn genau so läuft Weihnachten hier ab.

Aber ich frage mich, was ein echter Außenseiter zu unserer Art, Weihnachten zu feiern, sagen würde. Was würde jemand von einem anderen Planeten von unserer Geschenkeaktion halten, um nur ein Beispiel zu nennen? Es ist alles so sonderbar. Wir unternehmen große Anstrengungen, um ein Geheimnis aus den Geschenken zu machen. Wir verstecken die Kassenbelege, wir verstecken die Einkaufstüten, und wir verstecken unsere Einkäufe unter dem Bett oder ganz oben im Schrank. Wir packen die Geschenke in buntes Papier ein – allein diese Merkwürdigkeit ist für bestimmte Branchen ein Millionengeschäft! Bevor wir die Geschenke auspacken, schleppen wir einen Baum rein. Wir knallen eine fast zwei Meter hohe Nordmanntanne mitten in unser Wohnzimmer (oder, seltsamer noch, eine Plastikversion einer fast zwei Meter hohen Nordmanntanne) – nur, damit wir darunter die Geschenke drapieren können.

Und dann ist es endlich so weit: Es ist Weihnachten, Zeit für die Geschenke!

Auch für diesen Teil des Festes hat jeder seine eigenen Traditionen. In manchen Familien gibt es ein fröhliches Gerangel um die Geschenke. Bei anderen geht es gesitteter zu. Jedes Familienmitglied bekommt das für ihn oder sie bestimmte Geschenk. Der oder die Betreffende wiegt es prüfend in der Hand, schüttelt es sanft und ruft brav aus: „Was ist da wohl drin?“ Das Ganze ist eine gut inszenierte Scharade und im Grunde lächerlich. Aber wir lieben dieses Theater und spielen deshalb mit.

Für die meisten von uns ist Heiligabend ein altehrwürdiges Geschenke-Ritual, bei dem jeder Schritt eine bestimmte Bedeutung hat. Wir kennen unsere Rolle dabei, und wir spielen sie gut. Vielleicht machen wir uns über unsere seltsamen Traditionen lustig, aber es gibt einen guten Grund dafür: Das Geben und Nehmen ist nämlich eine ernste Sache.

Hast du dich je gefragt, warum?

## Geben

Erinnere dich kurz an diesen einen Moment an Heiligabend: Du überreichst ein Geschenk, das du mit viel Liebe ausgesucht hast. Es ist kein Geschenkgutschein von Amazon, keine Pralinenschachtel, sondern etwas Sinnvolles. Vielleicht ist es viel zu teuer. Oder vielleicht hast du es selbst gemacht. Oder es ist etwas, das du schon im April gesehen hast. Du hast damals gewusst, dass es genau das Richtige ist. Jetzt ist der wichtige Moment gekommen: Du überreichst das Geschenk einem geliebten Menschen, und der oder die andere streckt die Hand aus, um es in Empfang zu nehmen. Zwischen euch gibt es nur das Geschenk. Es ist mehr als ein in Geschenkpapier verpackter Gegenstand, sondern das Geschenk bist *du*.

Bei wirklich wichtigen Geschenken legen wir einen Teil von *uns selbst* mit hinein. Es sind nicht bloß Gegenstände, sondern sie drücken unsere

Persönlichkeit aus und zeigen, wie viel uns der oder die Beschenkte bedeutet. Und wenn ein Geschenk mit Freude und Dankbarkeit angenommen wird, gibt es kein schöneres Gefühl auf der ganzen Welt. Wir sind vor Freude wie in einem ekstatischen Rausch. Das meine ich wörtlich, denn das Wort „Ekstase“ kommt aus dem Griechischen und bedeutet so viel wie „aus sich heraustreten“. Beim Ablauf von Geben und Nehmen geht es darum, dass du dich in Gestalt dieses Geschenks selbst überreichst an jemanden, den du gernhast. Du legst dein Herz und deine Seele in das Geschenk, und wenn der oder die Beschenkte es annimmt, wirst in einem tieferen Sinn du selbst angenommen. Durch das Geschenk bist du über dich selbst hinausgegangen und hast in der Umarmung des oder der Beschenkten ein Zuhause gefunden. Du bist „außer dir“ vor Freude. Geben ist Ekstase.

## Nehmen/Empfangen

Jetzt stell dir vor, wie du ein Geschenk annimmst. Wieder ist es kein Geschenkgutschein, sondern etwas Wertvolles. Vielleicht hast du schon lange ein Auge darauf geworfen, aber nicht gewagt, ein so teures Geschenk zu erwarten. Oder vielleicht ist dir dieses bestimmte Geschenk nie in den Sinn gekommen. Du hast noch nicht einmal gewusst, dass es existiert. Aber sobald dein Blick darauf fällt, weißt du, dass es genau das Richtige ist. Wie von einem Instinkt geleitet rufst du aus: „Wow, das ist einfach perfekt! Aber das wäre wirklich nicht nötig gewesen." In diesem Augenblick lächelt der Geber oder die Geberin und erwidert: „Ich weiß, dass es nicht nötig ist, aber es kommt von Herzen!" Und das ist auch ehrlich gemeint. Geben macht Freude, ja, sogar ekstatische Freude.

Meistens gehört das Empfangen von Geschenken bloß zum „Weihnachtstheater". Wir reißen das Geschenkpapier auf und rufen begeistert: „Oh! Seife am Seil! Wie letztes Jahr – das wäre doch nicht nötig gewesen!" Dabei ist nur der letzte Teil dieser Reaktion ehrlich gemeint. Aber dann, alle Jubeljahre einmal, bekommen wir Geschenke, die uns zutiefst berühren – Geschenke, die tatsächlich „viel zu viel" sind. Solche Geschenke sind erlebte Gnade, denn wir empfangen viel mehr, als wir verdienen. Wenn wir auf der Empfängerseite einer solchen Großzügigkeit stehen, erleben wir eine Wertschätzung, die alle unsere Erwartungen übersteigt. Wir sind nicht nur gerührt über den Wert dieses Geschenks, sondern über den Wert, den wir in den Augen des oder der Schenkenden haben. Ja, so etwas wäre wirklich nicht nötig gewesen, aber es kommt von Herzen. Die Geber des Geschenks haben es so gewollt, weil sie *uns* wollen und uns damit ihre Liebe zeigen möchten. Deshalb trifft uns diese Erfahrung mitten ins Herz.

Aus diesem Grund ist Weihnachten (oder zumindest der Gedanke von Weihnachten) eine so willkommene Auszeit von unserem übrigen Leben.

Zu einem Großteil geht es in unserem Leben um das Streben nach Zielen. Wir verbringen unsere Zeit damit, uns den nötigen Respekt, einen bestimmten Status, einen Platz in der Gesellschaft zu verdienen. Wir sind auf der Jagd nach Belohnungen, nach Erfolg, nach Geld. Aber auch wenn wir diese Ziele erreichen, sind wir im günstigsten Fall stolz, fühlen uns unentbehrlich oder sind einfach nur erschöpft. Das Streben nach diesen Zielen kann uns nicht das geben, wonach wir uns am meisten sehnen: Wir wollen gewollt sein und geliebt werden.

Deshalb bedeutet uns das Geben und Nehmen zu Weihnachten so viel. Deshalb bewahren wir die Traditionen, verpacken die Geschenke und stellen den Tannenbaum auf. Denn für das Geben und Nehmen wurden wir geschaffen.

# 1. „Das ist für dich“

Manche Geschenke kommen ohne buntes Papier daher. Am Leben zu sein ist tatsächlich das ungewöhnlichste Geschenk, das wir uns vorstellen können.

„Das Leben ist ein Geschenk.“ Dieser Satz klingt vielleicht wie ein Klischee, wie etwas, das deine Tante auf Facebook postet. Aber er ist trotzdem wahr. Denk mal kurz nach: Die Tatsache, dass wir existieren, ist kein Muss. Bevor wir existierten, waren wir ein Niemand, ein Nichts, und wir lebten nirgendwo. Aber jetzt haben wir uns selbst, wir haben ein Universum, wir haben alles – und das ganz umsonst. Das ist einfach fantastisch.

### Leben als Geschenk

Findest du auch, dass dein Leben ein Geschenk ist? Überleg doch mal: Wir leben in einer Welt, die voller Leben und prall gefüllt mit Schönheit ist. Sie ist auf jeder Stufe unserer Wahrnehmung faszinierend, angefangen beim Pferdekopfnebel im Weltall bis hin zum genetischen Code in deinen Zellen. Wenn diese Welt ein Kunstwerk wäre, fändest du sie prachtvoll. Es ist unglaublich, aber für diese Kunstausstellung hast du eine kostenlose, lebenslange Eintrittskarte!

Die Pracht der Welt strömt durch die verschiedenen Jahreszeiten und den Lauf der Sonne auf uns ein. Sommer und Winter, Morgen und Abend – sie alle bieten uns ihre eigene, ausgeprägte Schönheit. Jede Umdrehung unseres Planeten Erde ist mehr als ein täglicher Trott, denn sie ist mit prächtigem Glanz geschmückt.

Diese Pracht zeigt sich immer wieder mit unbändiger Kraft durch Dinge, die wir sehen, spüren, schmecken und hören können. Denk bloß einmal an die Musik! Es gibt Harmonien und Melodien, die so grandios sind – egal, ob sie von Mozart sind oder von Miles Davis oder Meat Loaf –, dass wir uns davon mitreißen lassen. Wohin? Irgendwohin weit weg von uns selbst, weit weg von der täglichen Tretmühle. Wir verlieren uns in dieser Pracht. So ist unsere Welt.

Ja, die Welt ist auch ein dunkler, verstümmelter Ort. Natürlich gibt es rings um uns herum Finsternis und Tod. Darüber denken wir später nach. Aber es ist eine verstümmelte *Pracht*. Auch wenn sich vielleicht noch etwas anderes hier auf dem Planeten Erde niedergelassen hat, gibt es in dieser Welt noch immer Schönheit, Glück und das fröhliche Summen von Hummeln auf farbenprächtigen Blüten. Ja, *Hummeln* – sind die nicht der Wahnsinn?! „Das wäre doch nicht nötig gewesen!“ Diese Welt ist ein Geschenk.

Und dann denk auch mal an dich, also an die Person, die über die Welt nachdenkt. Du bist einmalig, du bist anders als die Welt um dich herum. Du bist auch anders als jeder andere Mensch. Du hast dich nicht selbst ins Leben gerufen, sondern findest dich plötzlich in dieser „Welt“ genannten Realitätsmaschine wieder, und das kostenlos, zum Nulltarif. Das ist ein Geschenk.

Jetzt wollen wir das Ganze auf dich persönlich zuschneiden. Denk an deine besonderen Stärken, deine Talente, deine ... nun ja, deine Gaben. Du kannst Dinge vollbringen, die einfach nur fantastisch sind. Das ist tatsächlich so. Und sie sind so einzigartig wie du. Woher kommen diese Fähigkeiten? Wir nennen sie „Gaben“, und das aus einem bestimmten Grund: Wir haben uns diese Fähigkeiten nicht selbst gegeben. Aber tief in uns drinnen meldet sich eine Stimme, die sagt: „Ich habe doch so hart gearbeitet, damit ich dieses Ziel erreiche!“ Auch das ist wahr. Aber seien wir ehrlich: Wenn du oder ich im 9. Jahrhundert in einem kleinen Dorf geboren wären, wie weit kämen wir dann mit diesen Talenten und dieser Arbeitsmoral?

Das bringt uns zu dem Geschenk der Kultur, in der wir leben. Die Gesundheit, der Wohlstand, die Annehmlichkeiten der modernen Technik und die Freiheiten, die wir heute genießen, wären für unsere Urgroßeltern unvorstellbar gewesen. Die

Gesellschaft, die das alles ermöglicht, gründet sich auf bestimmte „Gegebenheiten“, auf Werte, die wir für selbstverständlich halten. Es ist eine Gegebenheit, dass wir unter der „Herrschaft des Rechts“ leben, dem Prinzip, dass keine bestimmte Person, Regierung, Firma oder Interessengruppe über Recht und Gesetz steht. Alle müssen sich an die Regeln halten. Welche Regeln? Das Grundgesetz ist gesetzt.

Es ist eine Tatsache, dass wir unverletzliche „Menschenrechte“ haben. Wir mussten diese Rechte nicht in Anspruch nehmen. Schließlich sind die chemischen Bestandteile eines jeden Menschen etwa so viel wert wie die eines Big Macs. Trotzdem hat für uns jeder Mensch einen Wert. Es ist egal, wie arm oder schwach er ist, der Wert eines Menschen übersteigt seinen materiellen oder wirtschaftlichen Wert bei Weitem. Für uns ist jedes Mitglied unserer Gesellschaft gleich viel wert. Geschäftsführer und Straßenkehrer – sie alle sind gleich. Das ist zumindest das Ideal, das wir so hochschätzen, auch wenn wir es nicht immer ausleben. Solche Überzeugungen bilden den Kern unserer Kultur, und trotzdem können wir sie nicht beweisen, weder mit logischem Denken noch mit Mathematik oder Wissenschaft. Wenn wir in einer Gesellschaft wie der unseren leben, müssen wir uns auf eine Fülle von Gegebenheiten verlassen.

Der Gedanke, wir Menschen könnten uns in dieser Welt aus eigener Kraft durchsetzen, ist verlockend. Mit wissenschaftlichen Entdeckungen und dem technischen Fortschritt der letzten Jahrhunderte haben wir uns den Wohlstand aufgebaut, den wir heute genießen. Da ist etwas Wahres dran. Aber überleg dir einmal, wovon Wissenschaft und Technik abhängig sind. Warum können wir unseren Sinnen trauen oder uns auf die Naturgesetze verlassen? Warum leben wir in einem Universum, das logisch geordnet und wissenschaftlich erklärbar ist? Das alles müssen wir tatsächlich als gegeben hinnehmen.

Und denk bloß einmal an unser Gehirn, das Organ, das dieses ganze Nachdenken für uns übernimmt. Vielleicht hat unser Gehirn eine ähnliche Aufgabe wie bei den Tieren und hilft uns beim Überleben und bei der Vermehrung. Aber warum sollten wir es dann als auch nur halbwegs zuverlässig erachten, wenn wir über die höheren Gesetze der Logik oder die tieferen Geheimnisse unseres Kosmos nachdenken? Und doch verlassen wir uns auf unser Gehirn. Wir Menschen nehmen unsere Fähigkeit zu logischem Denken ernst und haben deshalb Dinge zustande gebracht wie Kunst, Literatur, Philosophie, Technologie, Wissenschaft und die Zivilisation an sich. Das ist eine außergewöhnliche Leistung. Aber wir sollten noch neugieriger sein. Warum gibt es denn so etwas wie logisches Denken? Und warum sollte diese etwa eineinhalb Kilo schwere graue Masse zwischen meinen Ohren dazu taugen, etwas zu begreifen? Das müsste nicht der Fall sein, und doch ist es so.

Auch wenn dieser Gedanke wie ein Klischee klingt, ist er trotzdem wahr: Das Leben ist ein Geschenk. Wir können in dieser Welt rein gar nichts tun, noch nicht einmal einen Muskel bewegen oder bloß daran denken, einen Muskel zu bewegen, ohne uns voll und ganz auf dieses außergewöhnliche Geschenk zu verlassen.

Wenn wir uns einbilden, uns aus eigener Kraft in diese Welt hineinkatapultiert zu haben, sind wir wie ein Geschäftsmann, der mit seinen Millionen prahlt, obwohl Mama und Papa ihm tatsächlich *Milliarden* hinterlassen haben. Er hat sich seinen Reichtum nicht selbst erarbeitet, sondern er wurde ihm geschenkt.

Sind wir nicht alle so wie dieser Geschäftsmann? In unseren besten Momenten spüren wir, wie fantastisch es ist, am Leben zu sein. Und wenn wir ehrlich sind, erkennen wir, dass das ein Geschenk ist.

## Der Geber

In jeder Minute verlassen wir uns auf tausend Gegebenheiten, die wiederum in tausend andere eingebettet sind. In Wirklichkeit sind *wir* in diese Gegebenheiten eingebettet. Aber wenn sie alle als Geschenke angesehen werden müssen, sollte man auch jedes Geschenk auf seinen Geber zurückführen können.

Jetzt möchte ich mit dir ein kleines Gedankenexperiment machen. Denk an alle Gegebenheiten deines Lebens – an dich selbst, deinen Verstand, deinen Körper, deine Talente, an jeden materiellen Segen, jede Erfahrung, die du bisher in deinem Leben gemacht hast, an den Kulturkreis, in dem du lebst, an deine Welt, das ganze harmonische Universum, und mittendrin du, das Glückskind. Versuche, diesen Gedanken festzuhalten. (Ich weiß, dass das knifflig ist, aber probier es einfach mal.) Siehst du das alles vor deinem geistigen Auge? Stell dir auf deinem gedanklichen Computerbildschirm den Kosmos vor, vielleicht mit einem kleinen Pfeil für deinen aktuellen Standort.

Jetzt bewege die Maus zur Bildlaufleiste im unteren Teil dieses Bildes. Klicke mit gedrückter Maustaste auf die Rückspultaste. Beobachte, wie alles zurückspult und jedes Geschenk, über das du dich freust, von seiner vorherigen Quelle verschluckt wird. Gehe zurück bis vor dieses Jahrhundert und dann vor dieses Jahrtausend und dann weiter bis vor diese Zivilisation ... vor die Bäume, das Land und diesen Planeten, vor diese Galaxie. Halte die Rückspultaste weiter gedrückt. Jetzt befindest du dich vor dem materiellen Universum, aber es geht noch weiter zurück. Jetzt sagst du vielleicht: „Warum? Was ist der Sinn des Ganzen? Das Universum ist doch alles, was existiert, oder etwa nicht?“ Nein, das Universum ist nicht alles, denn auch das Universum wurde uns gegeben.

Wenn du die Rückspultaste weiter gedrückt hältst, landest du beim Geber. Was würdest du vorfinden? Den Geber hinter allem, was wir als gegeben ansehen – das Wesen, das da war, bevor alles andere entstanden ist. Üblicherweise nennen wir dieses Wesen „Gott“. Aber denken wir weiter: Wie können wir uns dieses Wesen vorstellen?

Die Bibel sagt uns, dass es sogar schon vor dem Beginn der Zeit ein unzerstörbares Leben in Liebe gegeben hat. Da war ein Vater, der seinen Sohn seit Ewigkeiten geliebt und ihn mit dem Heiligen Geist erfüllt hat (vgl. Johannes 17, Vers 24; Johannes 3, Vers 34). Das ist das Verständnis, das Christen von Gott haben. Gott ist „dreieinig“, eine „Einheit aus drei Personen“. Lass dich von diesem Begriff nicht abschrecken, denn er ist nur eine *Beschreibung* für das hier: Wenn du die Rückspultaste gedrückt hältst, und zwar bis in alle Ewigkeit, kommst du an einen Punkt, an dem du nur noch eine unendlich große Quelle einer sich selbst verschenkenden Liebe siehst – den Vater, der seinen Sohn in der lebensspendenden Freude des Heiligen Geistes liebt. Das will die Bibel mit dem winzigen Wort „Gott“ ausdrücken.

Du gehst noch weiter zurück, immer weiter, aber du kommst niemals vor, hinter oder über diese überströmende Liebe hinaus. Sie ist die ursprüngliche Wirklichkeit und der Ursprung von allem anderen. Hier findest du einen unergründlichen Ozean, unendliche Tiefen, eine unfassbare Fülle, unbegrenzte Glückseligkeit. Hier, am Anfang, ist der Geber, der dir alle Gegebenheiten erklären kann. Gott ist aber nicht bloß der Geber, und wir sind die Empfänger (obwohl das auch zutrifft), sondern Gott ist Liebe, die keinen Anfang und kein Ende hat – Vater, Sohn und Heiliger Geist in einem ewigen und ekstatischen Geben und Nehmen.

Warum schwingt beim Geben und Nehmen etwas in unserer Seele mit? Warum lieben wir Weihnachten? Ist es möglich, dass Weihnachten in seiner besten Form ein Abglanz von Gott ist?

## Das ultimative Weihnachten

Jetzt denk an das perfekte, das ultimative Weihnachten. Es geschieht, wenn Familie und Freunde in Liebe und Freude vereint sind. Es ist eine Feier voller Dankbarkeit. Es ist ein Geben und Nehmen. Es ist der Wechsel zwischen Spielfreude und Ruhe. Im nächsten Kapitel werden wir uns mit Weihnachten in seiner schlimmsten Form befassen, aber jetzt wollen wir nur das Gute hervorheben. Weihnachten verbindet uns mit dem Besten, was uns das Leben gibt, und wenn wir die Sicht der Bibel über Gott ernst nehmen, sehen wir auch, *warum* das so ist. Die Bibel schildert uns die ultimative Wirklichkeit – Gott – als eine Einheit aus Geben und Nehmen. Es gibt schon immer eine unerschütterliche Liebe, die leidenschaftlich und unzerstörbar ist, in Gestalt des Vaters, des Sohnes und des Heiligen Geistes, in vollkommener Gemeinschaft, in der Geben und Nehmen den Kern des Lebens bilden. Als Jesus auf Erden war, schilderte er es so:

*Vater ... schon vor Gründung der Welt*
*hast du mich geliebt.*
*(Johannes 17, Vers 24)*

Anders ausgedrückt heißt es:

*Der Vater liebt den Sohn und*
*hat alles in seine Hand gelegt.*
*(Johannes 3, Vers 35)*

Wenn wir Weihnachtsgeschenke überreichen und entgegennehmen, wenn wir das Hin und Her aus „Das wäre doch nicht nötig gewesen" und „Es kommt von Herzen" spielen, wenn wir Ruhe finden in der Umarmung eines lieben Menschen, dann schwingt etwas in unserer Seele mit, etwas sehr Tiefgehendes und sehr Altes. Das ganze Universum singt das Lied von diesem Wunder, und ab und zu hören wir seine Melodie. Weihnachten ist der schwächste Abglanz von dieser ursprünglichen Liebe, die uns ins Leben gerufen hat. Wir sind dazu eingeladen, zu einem Teil dieser ursprünglichen Liebe zu werden.

Deshalb *kann* Weihnachten so wunderschön sein. Deshalb *ist* Weihnachten oft so wunderschön. Aber wir alle wissen, dass es auch schiefgehen kann.

# 2. „Das wäre doch nicht nötig gewesen“

Vor zwei Jahren durchlebte ich zu Weihnachten zehn Minuten lang statt Frieden die Hölle auf Erden. Da ich ein großzügiger Mensch bin, entschloss ich mich, diese Hölle nicht allein zu erleben. Nach dem Motto „geteiltes Leid ist halbes Leid“ zog ich meine Frau Emma mit hinein.

Wir waren bei meinen Schwiegereltern (bevor du jetzt feixt, nein, sie hatten keinen Anteil an dieser Weihnachtshölle). Meine Frau und ich übernachteten im Gästezimmer. Das war nicht der günstigste Ort für einen Streit (allerdings gibt es dafür sowieso keinen geeigneten Ort), aber wir hatten auch gar nicht vorgehabt zu streiten. Deshalb mussten wir improvisieren. Wir flüsterten, oder besser gesagt: Wir zischten uns an, und das zehn Minuten lang.

Was war der Grund für unseren Disput? Ein Weihnachtsgeschenk. Jetzt fragst du dich bestimmt:

„Warum habt ihr bloß wegen eines Geschenks gestritten?“ Ich stimme dir zu: Es war total idiotisch, aber ich bin ja gerade dabei, diese Idiotie zu erklären. Die Ursache unseres weihnachtlichen Streits war ein Geschenk, das unsere dreijährige Tochter bekommen hatte und das sie über alles liebte. Das genügte schon für unsere höllische Erfahrung. Es war „die schönste Zeit des Jahres“ mit der Frau, die ich mehr als jeden anderen Menschen auf Erden liebe, und es ging um ein Geschenk, das einem Kleinkind Freudenschreie entlockte. Aber sobald du mich, Glen Scrivener, zu dieser Mischung hinzufügst, kannst du dich zurücklehnen und bei unserem Kleinkrieg zusehen.

## „Was ist bloß in mich gefahren?“

Wie konnten wir aus unserer himmlischen Situation heraus die Hölle heraufbeschwören? Ich weiß es immer noch nicht so genau. Ich weiß bloß, dass es sich damals anfühlte wie etwas, das wir zwar fürchten, das aber unvermeidlich ist – wie ein Sog, der einen in ein schwarzes Loch aus leerer, überflüssiger Bosheit hineinzieht. Die Stimmung wird schlechter, das Blut kocht in den Adern, die Glieder werden schwer. Als mir der Schweiß auf der fiebrig heißen Stirn stand, weil ich aus diesem Streit unbedingt als Sieger hervorgehen wollte, meldete sich ein anderer Teil meines Unterbewusstseins: *Wollen wir das hier wirklich durchziehen? Tun wir doch längst! Also gut ... Bitte nein, das sagst du doch jetzt nicht wirklich, oder?* Doch, ich sagte es! Offenbar war ich dazu fähig, alle möglichen Ungeheuerlichkeiten von mir zu geben.

Du fragst dich bestimmt immer noch: „Was hat denn bloß zu diesem Ausbruch geführt?" Darauf scheint es keine vernünftige Antwort zu geben, sondern eher ein Rezept: Man nehme einen großen Schuss weihnachtlicher Erwartungen, füge eine gute Portion von Familientraditionen hinzu und bestreue es großzügig mit Angst, Stolz, Schamgefühl und Neid. Gut umrühren und das Ganze zum Kochen bringen. Trotzdem kommt jetzt von dir der Einwand: „Wie kann bei diesen Zutaten ein solches Horrorszenario herauskommen? Was war denn der Grund dafür?" Aber genau darum geht es ja. Es gab keinen echten Grund für einen solchen Streit. Deshalb verwende ich das Bild der Hölle.

Wir brauchten zehn Minuten, bis einer von uns sagte: „Moment mal – können wir noch mal von vorn anfangen?" Ein Weihnachtsfrieden wurde ausgerufen, eine Feuerpause. Aber der Preis dafür war hoch, denn wir mussten unseren Zorn und unseren Stolz herunterschlucken. Trotzdem war dieser Teufelskreis durchbrochen, und es herrschte wieder „Friede auf Erden".

Atemlos vor Staunen blickten meine Frau und ich zurück auf die letzten zehn Minuten unseres aufwühlenden, aufreibenden Streites, und wir verhielten uns wie viele andere Ehepaare in einer solchen Situation: Wir retteten uns in eine Lüge.

„Liebling, es tut mir leid, aber das war nicht ich. Ich weiß nicht, was in mich gefahren ist.“ Natürlich entsprach das nicht ganz der Wahrheit. Natürlich war ich es gewesen, und nichts war an diesem Morgen „in mich gefahren“. Es kam aus mir heraus, aus einem sehr tiefen und finsteren Ort in meinem Herzen. Es kam aus mir heraus, aber es war größer als ich. Die Worte stammten von mir, aber trotzdem fühlte ich mich von ihnen überrumpelt. Hast du so etwas auch schon mal erlebt?

## Feuer, von der Hölle angezündet

Die folgenden Worte enthalten eine alte Weisheit und bringen, wie ich finde, solche und ähnliche Situationen auf den Punkt:

*Auch die Zunge ist so ein Feuer,*
*das von der Hölle angezündet wird,*
*eine Welt voll Unrecht unter unseren Gliedern.*
*Sie beschmutzt den ganzen Menschen und*
*macht ihm das Leben zur Hölle.*
*(Jakobus 3, Vers 6)*

Diese Worte stammen aus der Bibel. Mit „Zunge“ meint der Verfasser Jakobus nicht das Organ, sondern unsere Worte, denn Worte können verletzen, sie können brennen. Ich nehme an, dass du das schon am eigenen Leib erfahren hast. Vielleicht bist du von Worten verbrannt worden. Vielleicht hast du andere Leute mit Worten „gegrillt“. Laut der Bibel sind wir alle betroffen: Wir entzünden Flammen und leiden selbst unter ihrer Glut.

Der Sänger Billy Joel sang einst in einem Lied: „Wir haben den Brand nicht gelegt. Der brennt schon so lange, wie die Welt sich dreht." Bis zu einem gewissen Punkt kann Jakobus dem zustimmen, aber er nimmt uns nicht ganz aus der Verantwortung. Ja, das Feuer ist viel größer und viel älter als wir. Aber andererseits spielt jeder von uns seine eigene Rolle darin, denn schließlich gehört unsere Zunge zu uns, weil sie ein Teil von uns ist. Vor diesem Hintergrund denk daran, wie die Zunge beschrieben wird: Sie ist ein Feuer, eine Welt voll Unrecht, eine verderbende Kraft, ein sich ausbreitender Zerstörer. Das sind wir. Das bin *ich*. Schrecklich! Bin ich tatsächlich so stark in das Böse um mich herum verwickelt? Offensichtlich: ja.

Beachte auch das Ende des Satzes: Uns selbst wird das Leben zur Hölle gemacht. Wir teilen die Hölle aus, während wir von ihr verbrannt werden. Wir legen die Feuer, und wir werden von ihnen entzündet. Das alles kommt aus uns heraus, und trotzdem ist es größer als wir. Das ist ein wahrhaft „höllisches" Problem.

## Weg von der Quelle

Mit der Welt stimmt so vieles nicht. Einerseits ist sie voller Wunder und Freuden, voll Familie, gutem Essen und Feierlichkeiten. Weihnachten kann wirklich himmlisch sein, ein Abglanz der Liebe, für die wir geschaffen wurden. Doch gleichzeitig kann es an genau demselben Tag die Hölle auf Erden sein.

Ein Schnappschuss von dieser Klemme, in der wir stecken, stammt aus einem anderen Teil der Bibel – dem Buch Jeremia im Alten Testament. Hier zeichnet Gott dieses Bild:

*Denn mein Volk hat doppelt Unrecht getan:*
*Mich verließen sie,*
*die Quelle lebendigen Wassers,*
*um sich Regengruben auszuhauen,*
*Zisternen mit Rissen,*
*die das Wasser nicht halten.*
*(Jeremia 2, Vers 13)*

Wie ist Gott? Er ist eine Quelle. Er ist der Ursprung von Leben und Zufriedenheit. Er ist kein bedürftiger Nehmender, sondern ein überfließender Gebender, sprudelnd vor Freude, die den Durst der Seele stillt.

Und wie sind wir? Wir sind Menschen, die sich nach Vollkommenheit und Glück sehnen wie nach Wasser in der Wüste. Doch statt das alles von Gott anzunehmen, spazieren wir am Geber vorbei und buddeln mit einer Schaufel die trockene Erde um. Wir graben Brunnen auf der verzweifelten Suche nach dem Leben, das so reichlich aus Gott strömt. Trotzdem ignorieren wir den Geber und versuchen lieber, selbst zurechtzukommen. Und was bekommen wir für unsere Mühe und Arbeit? Nichts weiter als einen Schluck schlammiges Wasser.

Jetzt wenden wir das mal auf unseren bereits erwähnten Weihnachtsstreit an. Meine Frau Emma und ich liefen beide zu unserer eigenen „rissigen Zisterne", zu falschen Quellen des Lebens und der Freude. Unsere rissigen Brunnen waren Ziele wie „recht haben", „ein angenehmes Leben" und „Anerkennung durch die Familie". Mit dem Blick auf diese weniger wichtigen Ziele war die andere Person für uns bloß ein Hindernis. Und was macht man mit Hindernissen? Hegt und pflegt man sie? Nein, man schiebt sie weg, wenn man kann.

## Wenn man unfähig ist zu empfangen

Genau das ist das Problem mit der Welt. Statt zu geben und zu nehmen, reißen wir einfach alles an uns. Statt uns vom ursprünglichen Geber erfüllen zu lassen und das Empfangene an andere weiterzugeben, fühlen wir uns leer und allein und versuchen deshalb, andere auszunutzen. Andere Menschen sind für uns Mittel zum Zweck oder im Weg stehende Hindernisse. Es fängt damit an, dass wir unfähig sind zu empfangen, und zwar von Gott, unserer wahren Lebensquelle. Es geht weiter mit unseren verzweifelten Versuchen, das Leben zu unseren eigenen Bedingungen lebenswert zu machen. Deshalb nutzen wir alle Möglichkeiten und alle Menschen, damit wir so bedeutend werden, wie wir es uns ersehnen. Das funktioniert – irgendwie, eine Zeit lang, aber doch nicht so richtig, weil nichts Vergängliches uns echte Erfüllung geben kann.

Wenn sich jedoch die Menschen und die von uns erstrebten Ziele als untaugliche Lebensquellen erweisen, werden wir schließlich zu wütenden, unglücklichen und murrenden Zeitgenossen. Dann gehen wir auf diejenigen los, die wir lieben, weil wir uns darüber ärgern, dass sie keine niemals versiegenden Quellen sind – sie sind nicht Gott. Und wir auch nicht. Aus diesem Grund sind wir imstande, den angeblich so geliebten Menschen die schlimmsten Dinge an den Kopf zu knallen. Wir müssen uns deshalb die gleiche Frage noch einmal stellen, diesmal jedoch aus einer tiefen Enttäuschung heraus: *Wie sind wir?*

Egal, ob im Schlafzimmer oder in der Chefetage, im Klassenzimmer oder in der Einsatzzentrale, wir alle sind Brunnengräber, die andere Menschen benutzen, um unsere innere Leere zu füllen. Aber das ist offenbar nicht die ganze Geschichte. Es gibt auch diesen schönen, im letzten Kapitel erwähnten Brauch mit den Geschenken. Das ist auch ein Teil der Wahrheit über uns. Wirklich und wahrhaftig. Aber wir haben eben zwei Seiten: Großzügigkeit gepaart mit Eifersucht, Güte gepaart mit Habgier. Das ist eine ziemlich heftige Mischung. Aber das trifft wiederum auf die ganze Welt zu, meinst du nicht auch? Atemberaubende Schönheit und finstere Bosheit – die Welt um uns herum und unser tiefstes Inneres beinhalten die gleiche Mischung. Das bedeutet, dass ich ein Teil des Problems der Welt bin. Oder zumindest ist ein Teil von mir ist ein Teil des

Problems. Und doch gehört dieser Teil *wirklich* zu mir, und zwar sitzt er tief und hartnäckig in mir. Er entlädt sich sogar in der schönsten Zeit des Jahres. Er gehört zu mir, auch wenn ich ihn nicht begreifen kann. Er kommt aus mir heraus und vergiftet alles, was ich liebe. Das ist ein wahrhaft „höllisches" Problem.

## Der Bogen des moralischen Universums

In einem Artikel aus dem Jahr 1958 verwendete der amerikanische Bürgerrechtler Martin Luther King eine Redewendung, die seitdem sehr beliebt ist. Sie lautet: „Ja, der Bogen des moralischen Universums ist weit, aber er neigt sich zur Gerechtigkeit." Dahinter steckt der Gedanke, dass die Geschichte einem Ziel zustrebt und es am Ende Gerechtigkeit geben und begangenes Unrecht wiedergutgemacht wird.

Dieser Gedanke hat seinen Reiz, weil wir nicht wollen, dass die Menschheitsgeschichte ohne Sinn und Zweck ist. Wir wollen nicht, dass Unrecht vergessen und Böses nicht bestraft wird oder Gutes für immer verloren geht. Wir spüren: Die Welt ist eine Geschichte, und wir wissen, wie Geschichten normalerweise enden: Der Gute gewinnt, der Bösewicht bekommt das, was er verdient, und die Wahrheit triumphiert.

Aber bevor wir nach vollkommener Gerechtigkeit rufen, sollten wir uns gut überlegen, was wir uns da wünschen. Denn manchmal bin ich selbst der Bösewicht. Manchmal begehe ich selbst Unrecht.

Was bringt mich dazu anzunehmen, dass ich auf der richtigen Seite der Geschichte stehe?

Oft verhalte ich mich in der Welt Gottes wie ein verwöhntes Kind. Seine großzügigen Geschenke nehme ich an, ihn selbst ignoriere ich aber. Wenn ich die schönen Geschenke Gottes missachte, ist das nicht bloß dumm, nicht bloß destruktiv, sondern eine persönliche Beleidigung. Wenn ich das Geschenk ablehne, lehne ich auch den Geber ab. Der Gott, der die Liebe ist, ist zu Recht zornig, wenn wir uns lieblos und dumm verhalten. Der Gott, der Geber aller Gaben, ist zu Recht entsetzt über unsere maßlose Gier.

Martin Luther King hatte recht: Gott neigt alle Dinge der Gerechtigkeit zu, auch in unserem Leben. Sein Gericht beginnt in diesem Leben. Manchmal lässt er uns die Folgen unserer eigenen Selbstsucht spüren. Aber wenn wir weiter einen Weg gehen, der sich gegen Gott und seinen Bogen des moralischen Universums richtet, werden wir uns auf der falschen Seite seines letzten Gerichts wiederfinden. Dann haben wir eine Zukunft ohne die guten Gaben, die wir jetzt noch genießen, und ohne die vermeintlich selbstverständlichen Gegebenheiten. Diesen Zustand bezeichnet die Bibel als Hölle. Das ist dann wie alle höllischen Momente, die wir auf dem Weg dorthin bereits erlebt haben, aber dann prasseln sie ungehindert und endlos auf uns ein.

So etwas will Gott für keinen Menschen, und das ist der Grund für Weihnachten.

## Weihnachten ist die Rettung

Seien wir doch ehrlich: Die letzten Seiten waren ganz schön deprimierend. Ich frage mich, wie du darauf reagiert hast.

Wenn wir von unserem menschlichen Problem hören, besteht eine natürliche Reaktion darin, sich mehr anzustrengen. Wir beschließen, besser zu werden. Wir versprechen, uns in Zukunft weniger „höllisch“ zu verhalten. Das ist keine schlechte Idee, aber nicht die Lösung unseres Problems. Ich versichere dir, dass ich mich an diesem ersten Weihnachtsfeiertag nicht höllisch verhalten *wollte*, sondern mir *wirklich* den Himmel auf Erden *wünschte* (natürlich auf *meine* Art). Trotzdem wurde ich in ein Problem verwickelt, das um ein Vielfaches größer war als ich selbst. Deshalb brauchte ich auch eine Lösung, die ebenfalls um ein Vielfaches größer war als ich selbst.

Bevor wir uns jedoch fragen, was wir gegen das menschliche Problem tun sollen, wollen wir eine viel wichtigere Frage stellen: Was tut *Gott*?

Wenn er eine andere Art von Gott wäre, könnte er sich einfach aus unserem Problem heraushalten, uns unserer eigenen Hölle überlassen und neu anfangen, vielleicht in Zusammenarbeit mit einem vielversprechenden Start-up-Planeten in einer anderen Galaxie. Von Rechts wegen sollte Gott uns bis in alle Ewigkeit in unserer Höllengrube lassen. Und das wird er auch, wenn wir uns hartnäckig weigern, seine Hilfe anzunehmen.

Aber das ist nicht Gottes Wunsch. Dieser Gott, über den wir reden, ist Liebe. Dieser Gott ist ein *Geber*. Und was tut er?

Er sieht unsere Undankbarkeit und unsere Selbstsucht, mit der wir die Welt zerstören, und reagiert darauf auf seine Art: Er macht uns ein Geschenk.

# 3. „Es war mir ein Bedürfnis“

Die Bibel ist das meistverkaufte Buch der Welt, und der berühmteste Bibelvers ist wohl Johannes 3, Vers 16. Die Worte dieses Verses werden manchmal als „Bibel in Kurzform“ bezeichnet. Manche Leute unternehmen außergewöhnliche Anstrengungen, um die Bibelstellenangabe auf große Pappschilder zu malen und dann bei Sportveranstaltungen hochzuhalten. Wird die Veranstaltung im Fernsehen übertragen, schreiben sie sich das Bibelwort auf Kleidungsstücke oder auf den nackten Oberkörper – sogar mitten im Winter. Manche tätowieren es auf Körperteile oder drucken es auf Autoaufkleber.

Sie wollen unbedingt, dass ihre Mitmenschen auf diese Bibelstelle aufmerksam werden, eine alte Bibel abstauben und den Vers nachschlagen. Diejenigen, die dessen Bedeutung tatsächlich verstehen, halten die darin enthaltene Botschaft für eine so gute Nachricht, dass die ganze Welt aufmerksam zuhören sollte.

Ich kann dem nur zustimmen, denn diese Worte sind mehr als erstaunlich. Aber lies selbst:

*Denn so hat Gott der Welt seine Liebe gezeigt: Er gab seinen einen und einzigartigen Sohn, damit jeder, der an ihn glaubt, nicht ins Verderben geht, sondern ewiges Leben hat.*
*(Johannes 3, Vers 16)*

Das ist das große Geschenk – an eine Welt, die es nicht verdient hat.

## Wir sind es nicht wert

Wie wir im letzten Kapitel gesehen haben, ist die Welt kein würdiger Empfänger dieses Geschenks. Zunächst einmal kann sich die Welt das Geschenk Gottes gar nicht verdienen. Die Welt hat keine Besitztümer, kein Guthaben, keine Währung, die nicht sowieso das Eigentum Gottes ist. Wir können Gott nichts geben und verdienen nichts von ihm. Alles gehört bereits demjenigen, der von seinem Wesen her der Geber ist. Die Bibel drückt es so aus:

*Wer hat ihm je etwas gegeben,*
*das Gott ihm zurückgeben müsste?*
*Denn von ihm kommt alles,*
*durch ihn steht alles und zu ihm geht alles.*
*Ihm gebührt die Ehre für immer und ewig!*
*Amen.*
*(Römer 11, Verse 35 bis 36)*

In der Weihnachtszeit bombardiert man uns mit Werbespots und oft auch mit Fragen wie: „Was schenken man einem Mann, der schon alles hat?“ Meistens beantwortet der Werbetexter seine eigene Frage, indem er irgendein Aftershave empfiehlt. Dieses Geschenk wirkt ziemlich armselig angesichts der Tatsache, dass der betreffende Mann steinreich sein muss. Und wenn er tatsächlich *alles* besitzt, gibt es sowieso kein passendes Geschenk für ihn. Denn zunächst müsstest du das Geschenk von seinem Geld kaufen, schließlich gehört ihm ja alles. Dann müsstest du es in sein eigenes Geschenkpapier einwickeln und das Päckchen dann per Nachnahme verschicken. Ach ja, und nur zur Erinnerung: Auch das Aftershave gehört ihm bereits! Wenn dieser Mann wirklich alles hat, gibt es nichts, was du ihm schenken könntest. Wenn Gott der ursprüngliche und ultimative Geber ist, kannst du auch ihm nichts schenken. Du kannst ihn noch nicht einmal für seine Freundlichkeit entschädigen, denn ihm gehört bereits *alles*.

So können wir uns von Natur aus die Geschenke Gottes nicht verdienen, weil wir keine eigenen „Vermögenswerte“ oder adäquate Gegengeschenke besitzen. Aber hinter dieser Unwürdigkeit steckt eine noch tiefere Wahrheit. In Anbetracht dessen, wie wir Gottes Geschenke in der Vergangenheit benutzt haben, die Art, wie wir den Geber ignoriert und seine Welt misshandelt haben, verdienen wir wahrhaftig kein weiteres Geschenk. Und schon gar nicht *dieses*

Geschenk! Im Gegenteil: Wir verdienen es, dass Gott uns in unserer eigenen Hölle schmoren lässt.

Aber Gott liebt uns. Er hat *„der Welt seine Liebe gezeigt: Er gab …“*

## Liebst du mich?

Manchmal, wenn ich mich stark verunsichert fühle, frage ich meine Frau: „Liebst du mich?“ Peinlich, ich weiß, aber längst nicht so peinlich wie die darauffolgende Frage: „Aber warum? Warum liebst du mich?“ Das ist die Krönung. Meine arme Frau befindet sich jetzt in einer Zwickmühle. Alles, was sie in diesem Moment sagt, kann – und wird – Panik auslösen. Ja, alles.

Wenn sie zum Beispiel erwidert: „Ich liebe dich, weil du so gut für unsere Familie sorgst“, schießt mein Blutdruck in die Höhe, denn ich könnte ja meinen Job verlieren. Würde ich dann auch die Liebe meiner Frau verlieren?

Wenn sie sagt: „Ich liebe dich, weil du so einen perfekt geformten Körper und markante Gesichtszüge hast“, ist auch das problematisch. Zunächst einmal entspricht es nicht der Wahrheit. Mein einziger markanter Körperteil ist eine Nase, die aussieht, als wäre sie mit einem Presslufthammer aus einem Betonblock gehauen worden. Aber selbst wenn ich so perfekt aussähe wie der Sänger einer Boyband, ist Schönheit doch vergänglich (oder zersetzt sich, wie in meinem Fall, wie auf einem Komposthaufen). Gutes Aussehen ist eine eher wackelige Basis für die Liebe. Wenn man dich wegen deines Aussehens liebt, wirst du dich immer unsicher fühlen.

Auch wenn meine Frau mir sagt, dass sie mich wegen meiner *inneren* Schönheit liebt, zum Beispiel, weil ich so freundlich bin, ist das nur ein schwacher Trost. Zunächst einmal weiß ich, dass ich oft unfreundlich bin. Und außerdem: Wer weiß, was in Zukunft geschehen wird? Vielleicht werde ich dement, sitze in einem Pflegeheim und verlasse diese Erde laut schimpfend. Ich hoffe, dass die Liebe meiner Familie stärker ist als mein wenig liebenswertes Verhalten. Wenn du eine Liebe möchtest, die Bestand hat, brauchst du eine Liebe, die weit über das hinausgeht, was du verdient hast.

Die richtige Antwort auf meine Frage „Emma, warum liebst du mich?“ lautet: „Glen, ich liebe dich, weil ich dich liebe und immer lieben werde. Jetzt hör endlich auf mit dieser Bettelei.“ Diese Art von Liebe brauchen wir: eine Liebe, die nicht abhängig ist von *unserem* Charakter, sondern vom Charakter des oder der Liebenden. Es ist wunderbar, dass wir bei Gott diese Liebe haben. Er liebt uns nicht, weil wir so sind, wie wir sind, sondern weil er so ist, wie *er* ist.

Gott liebt nicht die „Würdigen“, sondern diejenigen, die seine Liebe nicht verdienen und auch nicht verdienen können. Würde er nur die Würdigen lieben, hätten wir ein großes Problem. Würde die Antwort auf die Frage, warum Gott mich liebt, beginnen mit: „Er liebt mich, weil ich …“, würde uns eine unerträglich schwere Last auf den Schultern liegen. Denn dann müssten wir uns fragen: „Habe ich genug getan? Bin ich würdig genug? Erfülle ich alle Anforderungen?“ Aber wunderbarerweise ist die Liebe Gottes nicht abhängig davon, wie *wir* sind, sondern stützt sich darauf, wer *er* ist.

## Wie ist Gott?

Gott ist ein Geber. Aber was gibt er? Johannes 3, Vers 16 sagt uns das Unglaubliche: Er gibt seinen „einen und einzigartigen Sohn“, sein Herz und seine Seele, seinen Stolz und seine Freude. Der Vater hat seinen Sohn Jesus auf ewig mit seinem Geist erfüllt und seinen Augapfel seit jeher und über alles geliebt. Der Vater hat, wie wir bereits erkannt haben, alles in die Hände seines Sohnes gelegt (Johannes 3, Vers 35). Der Sohn ist der Fürst des Himmels, der Mitschöpfer der Welt, der Erbe des Kosmos ... und *ihn* hat der Vater uns gegeben. An diesem ersten Weihnachten in Bethlehem kam der Sohn Gottes in seine Schöpfung hinein – als menschliches Baby namens Jesus, so wie es ein altes Weihnachtslied verkündet:

*Der Abglanz des Vaters, Herr der Herren alle,*
*ist heute erschienen in unserm Fleisch:*
*Gott ist geboren als ein Kind im Stalle.*[1]

---

1 *Nun freut euch, ihr Christen*; John Francis Wade, 1743.

Wenn das allein noch nicht überraschend ist, betrachte doch den Geschenkanhänger, der am Fuß des kleinen Jesus hängt. Darauf steht: „Von *Gott* – für *dich*." Dieses Baby ist nicht nur ein Geschenk für die Welt im Allgemeinen, sondern für dich ganz persönlich.

Jesus ist auch deshalb das ultimative Geschenk, weil der Vater uns in seinem Sohn sich selbst schenkt. Wir haben bereits darüber nachgedacht, dass die besten Geschenke diejenigen sind, in die wir einen Teil von uns selbst hineinlegen. Das trifft auch auf das ultimative Liebesgeschenk zu. Mit diesem persönlichsten aller Geschenke bietet Gott sich selbst der Welt an.

Der Gott, der dir den blauen Himmel und die glitzernden Meere geschenkt hat, Luft zum Atmen und Augen zum Sehen, der Gott, der dir einen Verstand gegeben hat, Musik, Erbarmen in Hülle und Fülle, Wunder über Wunder – dieser Gott macht dir jetzt ein Geschenk von unermesslichem Wert. Nachdem er dir eine Welt und das Leben geschenkt hat, gibt er sich dir jetzt selbst als Geschenk. So funktioniert das mit der Liebe: Sie gibt, egal, wie hoch der Preis ist.

Und Weihnachten war erst der Anfang.

## Sein Leben als Geschenk

Einer der Namen Jesu lautet „Immanuel". Das ist Hebräisch und bedeutet „Gott mit uns". In den Evangelien – den biografischen Berichten über das Leben Jesu – findest du die Augenzeugenberichte über Gottes Leben hier auf der Erde. Hier begegnest du dem Sohn des Vaters, der unser Bruder geworden ist. Er ist gekommen, um mit uns zu leben, mit uns verbunden, als einer von uns.

Wie sieht das konkret aus? Wie eine alles überragende Autorität gepaart mit einer sich erniedrigenden Liebe. Schonungsloser Tadel für die Selbstgerechten, gepaart mit liebevollem Erbarmen für die Armen und Elenden. Jesus wirkt ein Wunder und versorgt eine Hochzeitsgesellschaft mit Wein, und dann, im selben Kapitel, vertreibt er religiöse Heuchler aus dem Tempel (Johannes 2). Er schläft tief und fest, während ein Sturm tobt, und bringt ihn dann mit einem einzigen Wort zum Schweigen. Er kommt zu spät zum Begräbnis eines lieben Freundes, und sein Weinen übertönt die Klagen der anderen Trauernden. Dann holt er den Toten ins Leben zurück. Ohne zu zögern, behauptet er, Gott zu sein, und dann dient er anderen Menschen wie ein Sklave.

Tag für Tag, ohne Ausnahme, lebte Jesus sein Leben in vollkommenem Frieden und vollkommener Liebe. Statt seine Mitmenschen mit „höllischem“ Benehmen zu traktieren, ertrug er es, wenn ihm andere das Leben zur Hölle machten. Statt andere Menschen zur eigenen Erfüllung zu benutzen, gab er sich selbst hin, um ihre Bedürfnisse zu stillen. Immer vertraute und gehorchte er seinem Vater, der Quelle des Lebens, und stand immer auf der richtigen Seite des Rechts.

Sein Leben war so, wie es sein sollte, und er lebte es für dich.

## Sein Tod als Geschenk

Zu Weihnachten neigte sich Jesus herunter in unser Menschsein – und auch sein ganzes Leben lang bis zu seinem Tod am Kreuz. Damit er uns in den Tiefen unserer „höllischen" Zwickmühle begegnen konnte, machte sich Jesus fest entschlossen auf den Weg nach Jerusalem, wohl wissend, dass dort sein Schicksal besiegelt werden würde. Zwar versuchten viele, ihm dieses Vorhaben auszureden, doch ohne Erfolg. Seine Anhänger waren fassungslos über einen Mann, der die widersprüchlichsten Motive an den Tag legte: einen Gotteskomplex und einen Todeswunsch.

Warum wollte Jesus unbedingt sterben? Weil er uns liebt. Die Liebe sagt: „Deine Notlage ist auch meine Notlage. Deine Kämpfe sind auch meine Kämpfe. Deine Schuld ist auch meine Schuld." Auch in der Grube, die wir uns selbst gegraben hatten, blieb Jesus bei seinem festen Entschluss, uns zu lieben. Am Kreuz bezahlte er für unsere Schuld, nahm das über uns gesprochene Urteil auf sich, durchlitt unsere Hölle. Er starb, damit wir „nicht ins Verderben" gehen (Johannes 3, Vers 16).

Diesen Tod hätten wir verdient, aber der Tod Jesu ist sein Geschenk an dich.

## Seine Auferstehung als Geschenk

Wir alle fragen uns manchmal, was nach dem Tod kommt. Oft hören wir diese Antwort: „Das werden wir nie erfahren. Niemand ist je zurückgekommen und könnte uns davon erzählen." Mit seiner Auferstehung widerlegte Jesus diese Meinung. Am Kreuz starb er den Tod, den wir verdient hätten, und am Ostermorgen stand er zu neuem Leben auf – zum großen Erstaunen seiner Freunde.

Sein Sieg über den Tod war nicht bloß ein einmaliges, außergewöhnliches Ereignis. Jesus war der Pionier einer neuen Realität, und wir sind dazu eingeladen, diese mitzuerleben. „Und weil ich lebe, werdet auch ihr leben", sagte er (in Johannes 14, Vers 19). Jesus ist wie eine Nadel, die das schwarze Leichentuch des Todes durchsticht und auf der anderen Seite wieder herauskommt. Wenn wir Jesus vertrauen und dadurch mit ihm verbunden sind, sind wir wie der Faden in der Nadel. Neues Leben, Hoffnung und der Sieg Jesu über den Tod können uns gehören. Wir können „ewiges Leben" bekommen (Johannes 3, Vers 16).

Das ist die Hoffnung, die wir für die Zukunft brauchen, und sie wird auch dir angeboten.

## Er selbst als Geschenk

Aber das ist noch nicht das Beste.

Was ist das Beste an dem Geschenk, das Jesus uns macht? Na ja, nehmen wir mal an, ich frage jemanden: „Was ist das Beste an deiner Ehe?"

Hoffentlich sagt die betreffende Person nicht: „Geld“ oder „Steuervorteile“ oder „meine Aufenthaltsgenehmigung“, sondern: „Das Beste an meiner Ehe ist mein Ehepartner.“ Ähnlich ist es bei Jesus. Das Größte, das er uns anbietet, ist nicht Vergebung oder Freude oder das Gefühl, dass das Leben einen Sinn hat, oder sogar das ewige Leben. Das Beste, das Jesus uns anbietet, ist er selbst. Er ist das Geschenk, das uns der himmlische Vater gemacht hat, denn *„so hat Gott der Welt seine Liebe gezeigt: Er gab seinen einen und einzigartigen Sohn“* (Johannes 3, Vers 16).

Das ist kein Ereignis, das sich nur vor langer Zeit in der Menschheitsgeschichte zugetragen hat. Jesus will auch heute bei uns sein. Durch seinen Geist errichtet er seinen Wohnsitz im Leben von Menschen, die ihm vertrauen, damit er für immer bei uns sein kann, durch alle Höhen und Tiefen des Lebens. Wie eine Braut oder ein Bräutigam bei der Trauung sagt Jesus zu uns: „Alles, was ich bin, gebe ich dir. Alles, was ich habe, teile ich mit dir.“

Es gibt nichts Größeres, was er uns geben kann, und deshalb verschenkt er sich selbst an uns.

Jesus ist das Geschenk Gottes, das Geschenk, das sich immer wieder selbst verschenkt.

*Denn so hat Gott der Welt seine Liebe gezeigt:*
*Er gab seinen einen und einzigartigen Sohn,*
*damit jeder, der an ihn glaubt, nicht ins Verderben geht, sondern ewiges Leben hat.*

Das Kind in der Krippe ist das größte Geschenk aller Zeiten.

Jetzt lautet die Frage: Was machen wir damit?

# 4. „DANKE!“

„Guck mal, Ralfi! Was ist denn das?“

„Gefenk!“

„Und für wen ist das?“

„Für mich!“

„Und von wem ist das?“

„Von Ompel Paul.“

„Und was sagst du?“

„Daaanke!“

„Wie gefällt es dir denn? Ralfi? ... Ralfiii!“

(Für den Rest des Abends vergisst Ralfi alles um sich herum, so sehr ist er mit dem Geschenk beschäftigt.)

Sogar Kleinkinder wissen, was sie mit einem Geschenk machen müssen. Sie würdigen den Geber, nehmen das Geschenk an, sagen Danke und freuen sich daran.

Wenn ich Ralfi ein Geschenk gebe, will ich nicht, dass er den ganzen Abend an meinem Hosenbein zerrt und ständig Danke sagt. „Das reicht schon", würde ich dann erwidern. „Jetzt geh, und viel Spaß damit!" Natürlich weiß man ein Geschenk nicht zu schätzen, wenn man sich nicht dafür bedankt. Aber auch dann nicht, wenn es bei einem reinen Dankeschön bleibt. Ralfi würdigt mich als Geber am besten, wenn er die nächsten drei Stunden in seinen Superman-Bausatz vertieft ist oder, besser noch, wenn wir gemeinsam damit spielen.

Wir machen Geschenke, ohne eine Gegenleistung dafür zu erwarten. Wenn wir etwas verschenken, tun wir das freiwillig und in der Hoffnung, dass der oder die Beschenkte eine Verwendung dafür hat und sich darüber freut. Bei Gott ist es das Gleiche. Er hat uns seinen Sohn gegeben und möchte, dass wir auf sein Geschenk reagieren. Unsere Reaktion kann man in vier Punkten zusammenfassen, und zwar so:

## Würdige den Geber

Zu Weihnachten wird in Gottesdiensten auf der ganzen Welt der Prophet Jesaja aus dem Alten Testament zitiert. 700 Jahre vor dem ersten Weihnachten sprach er von der Zeit, wenn der „kraftvolle Gott" zu seinem Volk kommen würde (Jesaja 9, Vers 5). Aber dieser „kraftvolle Gott" sollte nicht furchterregend in Blitz und Donner kommen, sondern als Geschenk.

*Denn ein Kind ist uns geboren,*
*ein Sohn ist uns geschenkt.*
*(Jesaja 9, Vers 5)*

In diesem kleinen Wort „uns“ erkennen wir das Herz Gottes. Wie ist Gott? Er ist die Quelle des Lebens, ein Geber ohne Anfang und ohne Ende. Er kam in eine Welt, die durch und durch unzuverlässig ist. Trotzdem kam Gott. Trotzdem hat er sich selbst verschenkt.

Hast du es Weihnachten erlaubt, deine Auffassung von Gott zu verändern? Wenn er sich dir als Geschenk anbietet, würdigst du ihn dann als den Gott, der er ist, als den Geber? Meinst du, er ist ein Gott, dem man vertrauen kann?

## Nimm das Geschenk an

Was machst du mit einem Geschenk? Du lässt es nicht unter dem Weihnachtsbaum liegen, sondern nimmst es an. So steht es auch bei Johannes in seiner Biografie über Jesus, über die wir bereits nachgedacht haben.

*Doch denen, die ihn aufnahmen,*
*verlieh er das Recht, Kinder Gottes zu sein. –*
*Das sind die, die an seinen Namen glauben.*
*(Johannes 1, Vers 12)*

„Jesus aufzunehmen“ (oder anzunehmen) und „an ihn zu glauben“ sind nicht zwei verschiedene

Dinge, sondern zwei Beschreibungen ein und desselben Vorgangs. Das hilft uns weiter, denn damit können wir auch den Begriff „Glauben“ anders verstehen.

Beim „Glauben“ geht es nicht darum, einem Haufen Tatsachen zuzustimmen. Auch nicht darum zu glauben, dass das Licht die Entfernung von der Sonne bis zur Erde in acht Minuten zurücklegt. An Jesus zu glauben ist eine ganz persönliche Sache. Es bedeutet, ihn anzunehmen, ihn in dein Leben aufzunehmen, ihn zu akzeptieren, ihn mit offenen Armen willkommen zu heißen. Glauben bedeutet, Jesus als Geschenk anzunehmen.

Wenn du Jesus in dein Leben aufnimmst, wirst du in die Familie Gottes aufgenommen. Du wirst ein Kind Gottes. Wenn du Jesus annimmst, wird sein Vater zu *deinem* Vater, sein Geist zu *deinem* Geist, seine Brüder und Schwestern in der Gemeinde werden zu *deinen* Brüdern und Schwestern. Was für ein herrliches Geben und Nehmen! Wenn wir Jesus als Geschenk annehmen, werden wir ebenfalls angenommen und verwoben in ein Band aus unverbrüchlicher Liebe.

Das Geschenk namens Jesus Christus ist nicht wie ein unpersönlicher Geschenkgutschein von Amazon, den du für einen Artikel auf deinem Wunschzettel einlösen kannst, sondern es ist eine persönliche Verbindung. Der Herr des Universums tritt in dein Leben, und im Gegenzug trittst du auch in sein Leben. Mit diesem allergrößten, ultimativen

Weihnachtsgeschenk bekommst du keinen Gegenstand, sondern eine *Person*. Und durch ihn, durch Jesus, bis du eingeladen in eine liebevolle Familie – für immer und ewig.

Wirst du dieses Geschenk begeistert annehmen oder es gar nicht erst aufmachen? Beim Lesen dieses Buches hast du gesehen, was dir angeboten wird. Du musst es – ihn – nur noch annehmen.

Und wenn wir ihn annehmen, wissen wir, was wir als Nächstes sagen müssen ...

## Sag Danke

Wenn das Leben ein Geschenk ist, ist Dankbarkeit das Geheimnis eines gut gelebten Lebens. Die Bibel fordert diejenigen, die zu Jesus gehören, mehrfach dazu auf, „immer voller Dankbarkeit“ zu sein (z. B. in Kolosser 2, Vers 7). Wir haben so viele Gründe, dankbar zu sein. Mitten in Strapazen und Sorgen – und davon gibt es viele – stehen wir auf der Empfängerseite von wundersamen Geschenken. Und wenn wir das allergrößte Geschenk sehen, Jesus, der sich mit jedem Tropfen seines Blutes an uns verschenkt hat, wie können wir dann noch bezweifeln, dass Gott großzügig ist? Wie können wir dann nicht von Herzen Danke sagen?

Wenn wir das tun, beginnen wir damit, unsere angeborene Undankbarkeit und unsere eigenen, selbst gegrabenen Brunnen zu verlassen, und einen neuen Weg einzuschlagen. Wenn wir von Natur aus stolz oder wütend sind oder eifersüchtig oder gekränkt oder verbittert, weil wir meinen, etwas Besseres verdient zu haben – also diese „höllischen“ Gefühle empfinden, die in unserem Leben so schnell hochkochen –, ist das wirksamste Gegenmittel eine gesunde Dosis Dankbarkeit. Jeden Tag mache ich es mir wieder bewusst: „Trotz meiner jämmerlichen Versuche, meine eigenen Brunnen zu graben, gibt es eine Quelle des Lebens, die überfließt mit allem, was ich mir ersehne.“ Deshalb kehre ich zur Quelle zurück, um Danke zu sagen.

Und schließlich ...

## Freue dich daran

Gott beschenkt uns mit viel mehr als der Onkel, der seinem Neffen einen Superman-Bausatz schenkt. Er möchte, dass wir uns freuen – an seinem Leben voll überfließender Großzügigkeit. Das Leben von Vater, Sohn und Geist ist euphorisches Geben und warmherziges Empfangen und hat jede andere Form von Leben hervorgebracht. Es ist die Quelle der ganzen Schöpfung. Und jetzt ist Jesus gekommen, um uns dieses Leben zu schenken. Die gute Nachricht lautet: Wir müssen unsere Leere nicht mehr auf Kosten anderer Menschen füllen. Jetzt haben wir ein erfülltes Leben, das sich an andere verschenkt.

Das klingt für dich vielleicht jetzt eher wie eine schlechte Nachricht: dass du aufhören sollst, alles an dich zu raffen, stattdessen sollst du großzügig sein. Aber in Wirklichkeit ist das eine gute Nachricht. Wir können unsere leere Gier loslassen und neu anfangen – mit einem Leben aus einer euphorischen, sich selbst verschenkenden Liebe heraus. In den besseren Momenten unseres Lebens erkennen wir, dass dieser Weg der klügere ist. Wir wissen, dass jede Form von Gier falsch und Großzügigkeit richtig ist, denn genau das lehrt uns Weihnachten.

Bei Jesus sind wir jeden Tag eingeladen, eine Art Weihnachtsfreude auszuleben. Wenn wir Jesus, das allergrößte Geschenk, angenommen haben, können wir seine Fülle an eine leere Welt in Not weitergeben. Damit wird die Hölle überwunden, und wenn Jesus eines Tages wiederkommt, wird er für immer sein Himmelreich errichten. Das ist das Geschenk, das Gott uns gegeben hat. Freue dich daran!

## Und was ist mit dir?

Wenn du dieses Geschenk annehmen willst, möchte ich dir zum Schluss ein kleines Gebet vorschlagen. Es ist die letzte Strophe des bekannten Weihnachtslieds „O Bethlehem, du kleine Stadt“. Ich finde, diese Zeilen fassen alles zusammen, womit wir uns beschäftigt haben. Du kannst die Worte auch auf dich anwenden, indem du „unsre“ gegen „mein/meine“ und „uns“ gegen „mich/mir“ austauschst.

Mach die Worte des Liedes zu deinen eigenen und empfange an diesem Weihnachtsfest das allergrößte Geschenk!

*O heilig Kind von Bethlehem,*
*in unsre Herzen komm,*
*wirf alle unsre Sünden fort*
*und mach uns frei und fromm!*
*Die Weihnachtsengel singen*
*die frohe Botschaft hell:*
*Komm auch zu uns und bleib bei uns,*
*o Herr Immanuel.*[2]

*Wir … können bezeugen,*
*dass der Vater den Sohn*
*als Retter der Welt gesandt hat.*
*(1. Johannes 4, Vers 14)*

2 *O Little Town of Bethlehem*, Text: Phillips Brooks, dt. Titel: O Bethlehem, du kleine Stadt, Übersetzung: Helmut Barbe.

Glen Scrivener
**Wie die Luft, die wir atmen**
*Warum wir alle an Freiheit, Menschenwürde und Gleichheit glauben*
Gb., 272 S., 13,5 × 20,5 cm
Best.-Nr. 271878
ISBN 978-3-86353-878-1

Ist das Christentum ein Todeskandidat, der überaltert und heuchlerisch mehr Probleme für die moderne Gesellschaft erzeugt als löst? Oft schämen sich Christen für ihren Glauben, und Außenstehende sind misstrauisch. Was aber, wenn die christliche Botschaft nicht der Feind unserer westlichen Werte ist, sondern ihre Quelle? Glen Scrivener nimmt seine Leser mit auf eine Entdeckungsreise und zeigt, wie die Lehren Jesu nicht nur die antike Welt auf den Kopf gestellt haben, sondern noch bis heute prägen, wie wir über Leben, Werte und Bedeutung denken. Freiheit, Freundlichkeit, Fortschritt und Gleichheit sind so selbstverständlich für uns geworden, dass wir ihre christlichen Wurzeln kaum noch bemerken. Dieses faszinierende Buch ist eine starke Hilfe für Christen, um über ihren Glauben zu reden, und ein Augenöffner für Nichtchristen über die positive Wirkung des Glaubens.

Rico Tice
**Der ultimative Weihnachtswunschzettel**
*Was wäre, wenn du das bekommst, was du dir wirklich wünschst?*
Tb., 80 S., 11 × 18 cm
Best.-Nr. 271892
ISBN 978-3-86353-892-7

Liebst du Weihnachten auch so sehr? Die Lichter, die Plätzchen – und natürlich die Geschenke? Vielleicht sind dir der ganze Rummel und der Kommerz aber auch zuwider, und du wünschst dir nichts sehnlicher, als dass die Feiertage endlich vorbei sind.

Wie auch immer du dieses Jahr Weihnachten verbringst – die meisten von uns freuen sich über Geschenke. Doch die halten oftmals nicht, was die hübsche Verpackung verspricht ... Was wäre, wenn du dieses Mal das bekommst, was du dir wirklich wünschst? Etwas, bei dem du keine Begeisterung heucheln musst, nur um es danach heimlich umzutauschen?

Begib dich auf die Suche nach den ultimativen Weihnachtsgeschenken, die dieses Jahr für dich unter dem Baum liegen könnten: Hoffnung, Frieden, Sinn und Zuversicht.

Rebecca McLaughlin
**Weihnachten – unglaublich?**
*Vier Fragen, die jeder an die unglaublichste Geschichte der Welt stellen sollte*
Tb., 80 S., 11 × 18 cm
Best.-Nr. 271556
ISBN 978-3-86353-556-8

Ist die Geschichte von dem Baby in der Krippe von Bethlehem tatsächlich nur ein Märchen für Kinder? Die bekannte Apologetin Rebecca McLaughlin legt Beweise vor: dafür, dass Jesus eine reale Person war; dass die biblischen Berichte über sein Leben historisch zuverlässig sind; und sie begründet, warum der Glaube an eine Jungfrauengeburt nicht so lächerlich ist, wie er manchmal dargestellt wird.

Dieses Buch zeigt: Es gibt gute Gründe für den Glauben. Die berühmteste Geschichte der Welt ist eine Tatsache, kein Märchen. Doch es geht um viel mehr als nur Geschichte: Dieses historische Ereignis kann unserem Leben heute Sinn und Freude geben.

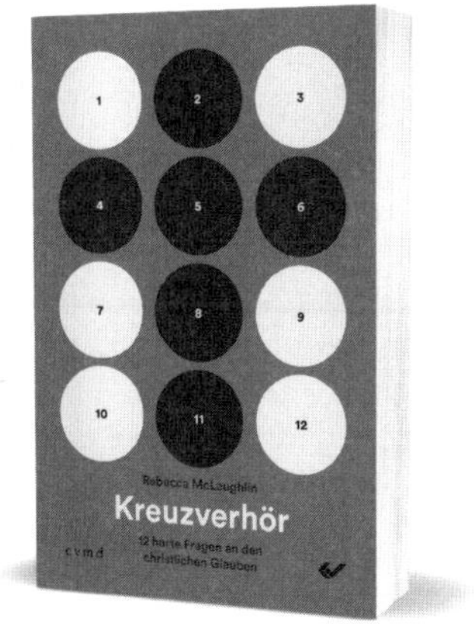


Rebecca McLaughlin
**Kreuzverhör**
*12 harte Fragen an den christlichen Glauben*
Pb., 336 S., 13,3 × 20,3 cm
Best.-Nr. 271816
ISBN 978-3-86353-816-3

Auf Grundlage aktueller Forschungsergebnisse, persönlicher Erlebnisse und sorgfältiger Bibelstudien untersucht *Kreuzverhör* kritische Fragen, die viele vom christlichen Glauben abhalten. Doch bei genauerem Hinsehen zeigt sich, dass diese scheinbaren Hindernisse zu Wegweisern auf Jesus Christus werden und zur besten Hoffnung unserer modernen Welt.
Themen u. a.:

- Fördert Religion nicht Gewalt?
- Wie kann man die Bibel wörtlich nehmen?
- Hat die Wissenschaft den christlichen Glauben nicht widerlegt?
- Ist der christliche Glaube nicht homophob?
- Wie kann ein liebender Gott so viel Leid zulassen?
- Wie kann ein liebender Gott Menschen in die Hölle schicken?